BEI GRIN MACHT SICH IHR WISSEN BEZAHLT

- Wir veröffentlichen Ihre Hausarbeit, Bachelor- und Masterarbeit
- Ihr eigenes eBook und Buch - weltweit in allen wichtigen Shops
- Verdienen Sie an jedem Verkauf

Jetzt bei www.GRIN.com hochladen und kostenlos publizieren

Bibliografische Information der Deutschen Nationalbibliothek:

Die Deutsche Bibliothek verzeichnet diese Publikation in der Deutschen Nationalbibliografie; detaillierte bibliografische Daten sind im Internet über http://dnb.d-nb.de/ abrufbar.

Dieses Werk sowie alle darin enthaltenen einzelnen Beiträge und Abbildungen sind urheberrechtlich geschützt. Jede Verwertung, die nicht ausdrücklich vom Urheberrechtsschutz zugelassen ist, bedarf der vorherigen Zustimmung des Verlages. Das gilt insbesondere für Vervielfältigungen, Bearbeitungen, Übersetzungen, Mikroverfilmungen, Auswertungen durch Datenbanken und für die Einspeicherung und Verarbeitung in elektronische Systeme. Alle Rechte, auch die des auszugsweisen Nachdrucks, der fotomechanischen Wiedergabe (einschließlich Mikrokopie) sowie der Auswertung durch Datenbanken oder ähnliche Einrichtungen, vorbehalten.

Impressum:

Copyright © 2017 GRIN Verlag, Open Publishing GmbH
Druck und Bindung: Books on Demand GmbH, Norderstedt Germany
ISBN: 9783668570108

Dieses Buch bei GRIN:

http://www.grin.com/de/e-book/379814/erstellung-eines-trainingsplans-fuer-erfahrene-kunden-im-krafttrainingsbereich

Patrick Czaplewski

Erstellung eines Trainingsplans für erfahrene Kunden im Krafttrainingsbereich. Diagnose, Zielsetzung, Makro- und Mesozyklus

GRIN - Your knowledge has value

Der GRIN Verlag publiziert seit 1998 wissenschaftliche Arbeiten von Studenten, Hochschullehrern und anderen Akademikern als eBook und gedrucktes Buch. Die Verlagswebsite www.grin.com ist die ideale Plattform zur Veröffentlichung von Hausarbeiten, Abschlussarbeiten, wissenschaftlichen Aufsätzen, Dissertationen und Fachbüchern.

Besuchen Sie uns im Internet:

http://www.grin.com/

http://www.facebook.com/grincom

http://www.twitter.com/grin_com

Deutsche Hochschule für
Prävention und Gesundheitsmanagement
Hermann Neuberger Sportschule 3
66123 Saarbrücken

Einsendeaufgabe

Fachmodul: Trainingslehre 1

Studiengang: Fitnessökonomie

Datum
Präsenzphase: 28.09.2017 – 31.09.2017

Name, Vorname: Czaplewski, Patrick

Studienort: Stuttgart

Semester: SS 2017

Inhaltsverzeichnis

1 DIAGNOSE 3

1.1 Allgemeine und biometrische Daten 3

1.2 Krafttestung 4

    1.2.1 Begründung der Testauswahl 4

    1.2.2 Testablauf 4

    1.2.3 Testergebnis 5

    1.2.4 Schlussfolgerung 5

2 ZIELSETZUNG 5

2.1 Ansicht der Zielsetzung 6

2.2 Begründung 6

3 MAKROZYKLUS 6

3.1 Makrozyklusdarstellung 6

3.2 Begründung des Makrozyklus 7

    3.2.1 Begründung der Trainingsmethoden 7

    3.2.2 Begründung der Belastungsparameter 7

    3.2.3 Begründung der Organisationsform 7

    3.2.4 Begründung Periodisierung 8

4 MESOZYKLUS 8

4.1 Übersicht des ersten Mesozyklus 8

4.2 Erläuterung 8

4.3 Überblick einzelner Übungen 9

5 LITERATURRECHERCHE 10

6 LITERATURVERZEICHNIS 13

5 TABELLENVERZEICHNIS 14

1 Diagnose

Es wird ein Eingangsgespräch mit der Person geführt, um die wichtigsten Daten aufzuschreiben, die für das Erstellen seines Trainingsplans relevant sind. Folgende Daten wurden bei dem Eingangsgespräch tabellarisch zusammengefasst. Nach Auswertung dieser Daten, unter Berücksichtigung der Belastbarkeit und Trainierbarkeit, wird ein Trainingsplan erstellt. Zusätzlich wird der Blutdruck gemessen, um sicherzustellen, dass kein Bluthochdruck bei der Person vorliegt.

1.1 Allgemeine und biometrische Daten

Tab. 1: Daten der Person

Alter:	26
Geschlecht:	Männlich
Körpergröße:	177 cm
Körpergewicht:	75 Kg
Trainingsmotiv:	Muskelmasse aufbauen
Berufliche Tätigkeit:	Postbote bei der Deutschen Post
Aktuelle und frühere sportliche Aktivitäten:	Vor einem Jahr regelmäßiges Krafttraining für drei Jahre lang
allgemeiner Gesundheitszustand	- Leichte Schmerzen im LWS-Bereich nach der Arbeit - Keine orthopädischen Einschränkungen - Keine ärztliche Behandlung - Keine Medikamente
zeitlicher Verfügungsrahmen	Drei Mal in der Woche für 45 Minuten

Tab. 2: Normwerte der Blutdruckklassifikation nach Weltgesundheitsorganisation (WHO) (Wollenberg, 2015)

	Systolisch (mmHg)	Diastolisch (mmHg)
Optimaler Blutdruck	< 120	< 80
Normaler Blutdruck	120 – 129	80 - 84
Hoch – normaler Blutdruck	130 – 139	85 - 89
Milde Hypertonie	140 – 159	90 - 99
Mittlere Hypertonie	160 – 179	100 - 109
Schwere Hypertonie	> = 180	> = 110

Tab. 3: Blutdruck und Ruhepulswerte

Blutdruck	Messung	Bewertung
Systolischer Blutdruck	115 mmHg	Optimal
Diastolischer Blutdruck	80 mmHg	Normal
Ruhepuls	78	Normal

1.2 Krafttestung

1.2.1 Begründung der Testauswahl

Da die Person bereits über mehrere Jahre Krafttraining ausgeübt hat, jedoch nie im maximalen Bereich trainiert hat, wurde der Mehrwiederholungskrafttest bei ihm durchgeführt. Dem Kunden ist diese Ausführung durch jahrelanges Training vertraut und geeigneter als ein Krafttest durch subjektives Belastungsempfinden. Hierbei wird ein Gewicht gewählt, welches mit zehn Wiederholungen technisch korrekt auszuführen ist.

1.2.2 Testablauf

Der erste Krafttest findet um 20 Uhr statt, da die Person dazu tendiert, in dieser Zeit sein Training zu absolvieren. Somit besteht eine möglichst nahe Rahmenbedingung.

Wir beginnen mit dem allgemeinen Aufwärmen und folglich mit dem speziellen Aufwärmen.

Für das allgemeine Aufwärmen geht der Kunde für fünf Minuten auf das Laufband um seine Körpertemperatur zu erhöhen.

Für das spezielle Aufwärmen wird mit einem geringem Gewicht, jede Übung mit zwei Sätzen ausgeführt, damit speziell die beteiligten Muskelgruppen und Gelenkstrukturen für die Belastung vorbereitet werden.

Durch die langjährige Erfahrung des Kunden und meiner Einschätzung kann vorab geahnt werden, mit welchem Gewicht, unter Berücksichtigung der 12 monatigen Trainingspause, die 10 Wiederholung geschafft werden. Wenn der erste Satz mit zehn Wiederholungen absolviert ist, kann nach dem subjektiven Empfinden der nächste Satz um 5%, 10% oder 25% gesteigert werden. (Reiß & Fikenzer, 2012, S.120)

Zwischen den Satzpausen legen wir eine Pause von drei Minuten ein und achten auf ein durchschnittliches Bewegungstempo (TUT: 2/0/2), sowie die identische Übungsreihenfolge zum Trainingsplan (Eifler C, 2000, 2013; Zimmer 1999). Die Vorgehensweise wird bei jeder Übung wiederholt.

1.2.3 Testergebnis

Tab. 4: Testergebnisse des Krafttests mit zehn Wiederholungen

Testübung	1. Testsatz	2.Testsatz	3. Testsatz	Ergebnis
Kniebeuge	50 Kg	60 Kg	70 Kg	70 Kg
Beinbeuger	10 Kg	15 Kg	20 Kg	20 Kg
Latzug	47 Kg	57 Kg	59,5 Kg	59,5 Kg
Rudermaschine	40 Kg	47 Kg	57 Kg	57 Kg
Bankdrücken	50Kg	65 Kg	**70 Kg**	65 Kg
Rückenstrecker	15 Kg	20 Kg	**25 Kg**	20 Kg
Schulterdrücken	15 Kg	25 Kg	**30 Kg**	25 Kg

1.2.4 Schlussfolgerung

Gegenüber Neueinsteigern oder Anfängern hat die Person, trotz der einjährigen Pause, gute Kraftwerte vorweisen können.

Als Ursache für die Schmerzen im LWS Bereich, kann das Tragen der Lasten auf der Arbeit die Ursache, anhand einer zu schwach ausgeprägten Muskulatur im LWS-Bereich sein.

2 Zielsetzung

In der folgenden Tabelle wurde auf Basis der Wünsche, die im Eingangsgespräch mit dem Kunden besprochen wurden, drei Ziele festgelegt. Im Vordergrund steht die Kraftsteigerung.

2.1 Ansicht der Zielsetzung

Tab. 5: Zielsetzungen der Person

Inhalt	Ausmaß	Zeit
Muskelaufbau	5 Kg	1. Trainingsjahr
Kraftsteigerung	20-30 %	12 Wochen
Schmerzen im LWS-Bereich lindern	Subjektives Schmerzempfinden senken	8 Wochen

2.2 Begründung

Der Wunsch Muskeln aufzubauen dient dem Kunden lediglich zur optischen Veränderung und er möchte nicht über 80 Kg wiegen. Daher wurden fünf Kilogramm innerhalb eines Jahres als realistisches Ziel festgesetzt.

Die Person möchte innerhalb von 12 Wochen seine Kraft um 20-30% steigern, um die schweren Lasten auf der Arbeit besser bewältigen zu können. Somit sollen seine Schmerzen am Ende des Tages im LWS-Bereich gelindert werden.

3 Makrozyklus

3.1 Makrozyklusdarstellung

Tab. 6: Planung des Makrozyklus

	Mesozyklus 1	Mesozyklus 2	Mesozyklus 3	Mesozyklus 4
Zyklusdauer	8	6	8	6
Trainingsziel	Muskelaufbau	Maximalkraft	Muskelaufbau	Maximalkraft
Trainingseinheiten pro Woche	3	3	3	3
Organisationsform	GK	GK	GK	GK
Anzahl der Übungen pro Muskel	1 bis 2	1 bis 2	1 bis 2	1 bis 2
Satzzahl	3	3	3	3
Satzpause	90	180	90	180
Wiederholungszahl	8-12	5	8-12	5
TUT	3-0-1	2-0-X	3-0-1	2-0-X
Intensität	60-80%	80-95%	60-80%	80-95%

3.2 Begründung des Makrozyklus

3.2.1 Begründung der Trainingsmethoden

Die Person beginnt mit einem Muskelaufbautraining um den Einstieg gewichtsschonender zu beginnen. Gleichzeitig erfüllen wir seinen Wunsch durch das Hypertrophie Training Muskelmasse aufzubauen. Als Trainingseffekt im Muskelaufbautraining, wird die Kraftausdauer verbessert (modifiziert nach Boeckh-Behrens & Buskies, 2002, S. 47) Demnach kann auf ein Kraftausdauertraining verzichtet werden. Der Fokus liegt auf einem Muskelaufbau- und Maximalkrafttraining.
Anschließend folgt das Maximalkrafttraining um die Zielsetzung der Kraftsteigerung und Schmerzlinderung zu erreichen. Die Trainingsmethoden folgen im Wechsel um das Training nicht monoton zu halten. Gleichzeitig sorgt die Abwechslung für neue Reize.

3.2.2 Begründung der Belastungsparameter

Im Eingangsgespräch wurde festgelegt, dass unser Kunde drei Mal pro Woche trainieren kann. Die Person entspricht der Leistungsstufe „Geübter". Demnach wird bei jeder Einheit, während dem Gesamten Makrozyklus, pro Muskelgruppe eine bis zwei Übungen ausgeführt. Im ersten und dritten Mesozyklus liegt die Intensität bei 60-80%. (modifiziert nach Strack & Eifler, 2005, S. 153)
Während dem Muskelaufbautraining wird ein Bewegungstempo von 3-0-1 vorgegeben. Die exzentrische Kraft wird in größerem Maße geschult (Buskies & Boeckh-Behrens, 2009, S.66-68)
Im zweiten und dritten Mesozyklus steigt die Intensität auf >85% bei weniger als sechs Wiederholungen (Fröhlich, 2012, S. 15)
Die Pausenzeiten bei mehr als 90% der Intensität liegt bei drei bis fünf Minuten (Fröhlich, 2003, S. 60)

3.2.3 Begründung der Organisationsform

Die Person führt über die gesamte Dauer ein Ganzkörpertraining durch. Sein gesamter Körper wird an einem Tag trainiert. Ein Splittraining ist für das Ziel und den zeitlichen Verfügungsrahmen der Person nicht möglich. Somit wird im besten Fall eine Muskelgruppe nur einmal in der Woche trainiert. Für den Muskelaufbau soll im besten Fall drei Mal pro Woche trainiert werden, da die erhöhte Proteinsynthese in der Muskulatur für 48 Stunden erhöht ist (Friedmann, 2007, S.14)

3.2.4 Begründung Periodisierung

Wie bereits erwähnt beginnen wir im ersten Zyklus mit einem Hypertrophietraining, um einerseits gelenkschonender einzusteigen, aber auch primär das Ziel des Muskelaufbaus zu verfolgen. Im zweiten Zyklus wird dann ein Maximalkrafttraining ausgeführt, um das Ziel der Kraftsteigerung zu verbessern. Nach jedem Mesozyklus wird die ILB-Methode als Krafttest angewendet, um die Steigerung der Ziele anzupassen.

4 Mesozyklus

4.1 Übersicht des ersten Mesozyklus

Tab. 7: Darstellung des ersten Mesozyklus

Übung	Sätze	Satzpause	Wiederholung	Intensität	Bewegungstempo
Kniebeuge	3	90	8-12	60-80%	3-0-1
Latzug	3	90	8-12	60-80%	3-0-1
Rudern	3	90	8-12	60-80%	3-0-1
Bankdrücken	3	90	8-12	60-80%	3-0-1
Schulterdrücken	3	90	8-12	60-80%	3-0-1
Rückenstrecker	3	90	8-12	60-80%	3-0-1

4.2 Erläuterung

Zu Beginn werden die Übungen Rückenstrecker und Schulterdrücken an Maschinen geführt um hier die Kompression am LWS-Bereich zu verringern, da bereits bei der Übung Kniebeuge der untere Rücken belastet und mittrainiert wird, soll er folglich primär als Rückenstreckerübung an der Maschine durchgeführt werden. Die Muskulatur wird isoliert trainiert und das möglichst ohne falsche Bewegungsabläufe.
Weitere Übungen können im freien Bereich trainiert werden, da hier der Vorteil besteht, dass die gesamte Eigenstabilisation, folglich die Intermuskuläre Koordination, verbessert wird.

Um die Krafttrainingseffekte zu optimieren, werden mehrgelenkige Übungen vor eingelenkigen Übungen ausgeführt (Fariantti, DaSilva & Monteiro, 2013, S.784). Eine Vorermüdung der Synergisten wird vermieden und die Arbeitsgruppe um Spreuwenberg et al. (2006, S. 142-143) zeigt, dass die Übung „Kniebeuge" mit mehr Wiederholungen absolviert wird.

4.3 Überblick einzelner Übungen

Kniebeuge:

Bei dieser Übung wird eine Vielzahl an Muskeln trainiert. Die Übung kräftigt den mittleren und großen Anteil der Gesäßmuskultur und die den M. quadriceps femoris und den M. gluteus maximus. Für die körperliche Arbeit unserer Person ist diese Übung wichtig, da sie zur Gesamtstabilisation verantwortlich ist und das Tragen von Gegenständen unterstützt.

Beinbeuger liegend:

Bei dieser Übung werden die Muskeln M. biceps femoris, M. semitendinosus, M semimembranosus und M. gastrocnemius trainiert. Diese Übung belastet die Wirbelsäule sehr gering, welche durch die Übung „Kniebeuge" bereits belastet wurde.

Latzug am Turm:

Diese Übung kräftigt eine Vielzahl an Muskelgruppen. Hauptsächlich der M. trapezius, der M. latissimus dorsi und der M. biceps brachii. Die Stärkung der Rückenmuskulatur und der Brustmuskulatur dient zur aufrechten Haltung. Dadurch wird eine Fehlhaltung durch das Tragen von Paketen vermieden.

Rudern am Turm:

Diese Übung ist für eine Kräftigung der Rückenmuskulatur. Beansprucht werden unter anderem die Muskeln M. trapezius, M. terez minor, M. terez major, M. latissimus dorsi und M. brachioradialis.

Bankdrücken:

Das Bankdrücken stärkt den M. pectoralis major, M deltoideus pars clavicularis und den M. triceps brachii.

Schulterdrücken an der Maschine:

Die Schultermuskulatur wird ebenfalls durch das Hin- und Herbewegen von Paketen beansprucht und unterstützt den M. biceps brachii beim Tragen der Gewichte. Hier wird der Muskel M. deltoideus (vordere, mittlerer und hinterer Anteil) sowie der M. triceps gestärkt.

Rückenstrecker an der Maschine:

Diese Übung ist gezielt für die Schmerzen im LWS-Bereich zuständig. Durch das Maschinengeführte Training wird der Muskel M. erector spinae isoliert trainiert und eine fehlerhafte Ausführung vermieden.

5 Literaturrecherche

5.1 Studie 1: Effekte maschinengestützen Krafttrainings in der Behandlung chronischen Rückenschmerzes

Tab. 8: Studie 1: Effekte maschinengestützen Krafttrainings in der Behandlung chronischen Rückenschmerzens (Stephan, Goebel, & Schmidtbleicher, 2011)

Wer hat die Studien durchgeführt?	Stephan, A.
	Schmidtbleicher, D.
	Goebel, S.
	Abteilung Forschung und Entwicklung, Kieser Training AG
	Institut für Sportwissenschaften der Johann Wolfgang Goethe – Universität Frankfurt/Main
In welchem Jahr wurde die Studie publiziert?	Jahrgang 62, Nr.3 (2011)
Mit welchen Versuchspersonen wurde die Studie durchgeführt?	Trainingsgruppe bestehend aus 58 Teilnehmer in 45 Einrichtungen davon:

	53,4 % Frauen und 46,6 % Männer
Durchschnittsalter: 44,37 Jahre
Körpergröße im Schnitt: 174,52 cm
Körpergewicht: 75,39 Kg
überwiegend sitzende Tätigkeit: 56,9 %
Sportlich inaktiv: 34,5 %
Erfahrung mit Krafttraining: 27,6 %

Kontrollgruppe bestehend aus 16 Teilnehmer davon:
62,5 % Frauen und 47,5 % Männer
Durchschnittsalter: 44,88 Jahre
Körpergröße im Schnitt: 170,4 cm
Körpergewicht: 71,63 Kg
überwiegend sitzende Tätigkeit: 62,5 %
sportlich inaktiv: 43,8 %
Erfahrung mit Krafttraining: 12,5 % |
| Wie sah der Versuchsaufbau der Studie aus? | Der Zeitraum beträgt 6 Monate mit monatlich 6 mal 30 min maschinengestützen Krafttraining.
Nach 3 und 6 Monaten wurden die Schmerzen und Beeinträchtigungen der Probanden gemessen.
Gemessen wurde dabei:
Pain Severity (PS), Effects of Pain (EP), Oswestry Disability Index (ODI)
Die Effekte werden dabei mittels Effektgröße d und korrigierender Effektgröße dkorr beschrieben. |
| Welche relevanten Ergebnisse und Schlussfolgerungen lieferte die Studie? | Schmerzen und Beeinträchtigungen wurden reduziert. Die mittlere Schmerzstärke ist um 38 % in der
Versuchsgruppe gesunken und um 26 % in der Kontrollgruppe (nach 6 Monaten).
Pain Severity ergab kein Nettoeffekt.
Somit kann man sagen, dass das Krafttraining zu einer relativen Schmerzreduktion führte.

Das Krafttraining erweist sich als positiv für Personen mit Beschwerden im Rückenbereich. |

5.2 Studie 2: Krafttraining bei chronischen lumbalen Rückenschmerzen

Tab. 9: Studie 2: Krafttraining bei chronischen lumbalen Rückenschmerzen (Goebel, Stephan, & Freiwald, 2005)

Wer hat die Studien durchgeführt?	Goebel, S. Stephan, A. Freiwald, J. Forschungsabteilung Kieser Training (FAKT), Köln Bergische Universität Wuppertal
In welchem Jahr wurde die Studie publiziert?	Jahrgang 56, Nr. 11 (2005)
Mit welchen Versuchspersonen wurde die Studie durchgeführt?	Versuchsgruppe aus 69 Teilnehmer Davon: 23,2 % Frauen und 76,8 % Männer Durchschnittsalter: 46,1 Jahre Berufstätig: 91,2 % Vollzeitbeschäftigt: 82,6 % Kontrollgruppe bestehend aus 33 Teilnehmer Davon: 39,4 % Frauen und 60,6 % Männer Alter im Schnitt: 47,1 Jahre Berufstätig: 90,9 % Vollzeitbeschäftigt: 72,7 %
Wie sah der Versuchsaufbau der Studie aus?	Die Therapie besteht aus dem MedX-Therapieverfahren. Zu Beginn mussten die Teilnehmer einen Fragebogen ausfüllen, indem sie psychische, körperliche und soziale Aspekte beurteilen müssen. Dieser Fragebogen erfolgte vor dem Test der Therapie und 12 Monate nach Beendigung. Die Teilnehmer wurden zu deren subjektiven Einschätzung der Gesundheit, der Rückenschmerzen und Arbeitsunfähigkeit befragt. Die Kontrollgruppe wurde in orthopädischen Arztpraxen behandelt. Sie mussten ebenfalls die Angaben zu Beginn und 12 Monate nach Beendigung machen.
Welche relevanten Ergebnisse und Schlussfolgerungen lieferte die Studie?	Bei den Teilnehmern wurde eine deutliche Verbesserung der Schmerzen festgestellt, bei der Kontrollgruppe führten die geringeren Schmerzen zu keiner Verbesserung. 13% der MKT-Schmerzpatienten waren schmerzfrei und der Anteil an uneingeschränkten arbeitsfähigen Personen erhöhte sich um 20% Durch das Krafttraining und die verbundene Stoffwechselprozesse um lumbalen Bereich können gegen Schmerzen helfen und die Lebenshaltung verbessern Somit ist es lohnenswert die MKT verstärkt in den Vordergrund der Wissenschaft zu bringen

6 Literaturverzeichnis

Bompa, T. O. & Carrera, M. C. (2005). *Periodization training for sports. Sci-ence-based strength and conditioning plans for 20 sports* (2. ed.). Champaign, IL: Human Kinetics.

Boeckh-Behrens, W.-U. & Buskies, W. (2002). Fitness-Krafttraining. Die besten Übungen und Methoden für Sport und Gesundheit (6. Aufl.). Reinbek bei Hamburg: Rowohlt.

2Buskies, W. & Boeckh-Behrens, W.-U. (2009). Fitness-Gesundheits-Training. Reinbek bei Hamburg: Rowohlt.

Eifler, C. (2000). *Krafttraining nach der ILB-Methode – eine impirsche Überprüfung der Trainingseffekte bei Anfängern und Fortgeschrittenen.* Unveröffentliche Diplomarbeit, Universität des Saarlands. Saarbrücken.

Eifler, C. (2013). *Empirsche Überprüfung der Effekte verschiedener Ansätze zur Intensitätssteuerung im fitnessorientierten Krafttraining.* Dissertation, Universität des Saarlands. Saarbrücken.

Farinatti, P. T. V., DaSilva, N. S. L. & Monteiro, W. D. (2013). Influence of exercise order on the number of repetitions, oxygen uptake, and rate of perceived exertion during strength training in younger and older women. Journal of Strength and Conditioning Research, 27 (3), 776-785.

Spreuwenberg, L. P. B., Kraemer, W. J., Spiering, B. A., Volek, J. S., Hatfield, D. L., Silvestre, R., Vingren, J. L., Fragala, M. S., Häkkinen, K., Newton, R. U., Maresh, C. M. & Fleck, S. J. (2006). Influence of exercise order in a resistancetraining exercise session. Journal of Strength and Conditioning Research, 20 (1), 141-144

Strack, A. & Eifler, C. (2005). The individual lifting performance method (ILP). A practical method for fitness- and recreational strength training. In J. Gießing, M. Fröhlich & P. Preuss (eds.), Current results of strength training research (pp. 153-163). Göttingen: Cuvillier.

Reiß, M. & Fikenzer, S. (2012). Studienbrief Trainingslehre 1 – Gesundheitsorientiertes Krafttraining. Unveröffentlichte Studienmaterialien. Saarbrücken: Deutsche Hochschule für Prävention und Gesundheitsmanagement.

5 Tabellenverzeichnis

Tabelle 1: Daten der Person

Tabelle 2: Normwerte der Blutdruckklassifikation nach Weltgesundheitsorganisation (WHO) (Wollenberg, 2015)

Tabelle 3: Blutdruck und Ruhepulswerte

Tabelle 4: Testergebnisse des Krafttests mit zehn Wiederholungen

Tabelle 5: Zielsetzungen der Person

Tabelle 6: Planung des Makrozyklus

Tabelle 7: Übersicht des ersten Mesozyklus

Tabelle 8: Studie 1: Effeke maschinengestützen Krafttrainings in der Behandlung chronischen Rückenschmerzens (Stephan, Goebel, & Schmidtbleicher, 2011

Tabelle 9: Studie 2: Krafttraining bei chronischen lumbalen Rückenschmerzen (Goebel, Stephan, & Freiwald, 2005

BEI GRIN MACHT SICH IHR WISSEN BEZAHLT

- Wir veröffentlichen Ihre Hausarbeit, Bachelor- und Masterarbeit

- Ihr eigenes eBook und Buch - weltweit in allen wichtigen Shops

- Verdienen Sie an jedem Verkauf

Jetzt bei www.GRIN.com hochladen und kostenlos publizieren